Copyright © 2022
Cidinha da Silva

editoras
Cristina Fernandes Warth
Mariana Warth

**coordenação de produção,
projeto gráfico e capa**
Daniel Viana

assistente editorial
Daniella Riet

revisão
BR75 | Aline Canejo

Este livro segue as novas regras do Acordo Ortográfico da Língua Portuguesa.

Todos os direitos reservados à Pallas Editora e Distribuidora Ltda. É vetada a reprodução por qualquer meio mecânico, eletrônico, xerográfico etc., sem a permissão por escrito da editora, de parte ou totalidade do material escrito.

CIP-BRASIL. CATALOGAÇÃO-NA-FONTE
SINDICATO NACIONAL DOS EDITORES DE LIVROS, RJ

S579e
2. ed.

    Silva, Cidinha da, 1967-
      Exuzilhar / Cidinha da Silva. – 2. ed. – Rio de Janeiro: Pallas, 2022.
    88 p.; 21 cm.

    ISBN 978-65-5602-090-7

      1. Crônicas brasileiras. I. Título.

22-80539   CDD: 869.8
                                CDU: 82-94(81)

Meri Gleice Rodrigues de Souza – Bibliotecária – CRB-7/6439

Pallas Editora e Distribuidora Ltda.
Rua Frederico de Albuquerque, 56 – Higienópolis
CEP 21050-840 – Rio de Janeiro – RJ
Tel.: 21 2270-0186
www.pallaseditora.com.br | pallas@pallaseditora.com.br

À memória de minha mãe, Dona Ina,
quem primeiro me falou sobre ancestralidade
(sem jamais ter pronunciada essa palavra)
nas histórias contadas sobre o culto
às santas almas benditas.

Dublê de Ogum   9

Seu Marabô   13

Bandido também tem santo   15

A velha na soleira da porta   19

Durga e a Senhora das Águas   21

A menina dos olhos de Oyá
exuzilhou o racismo religioso na avenida   23

Subúrbia e Guimarães Rosa   27

Os que já foram   29

Oração da terça!   31

Xangô!   35

Coisas que nem Deus mais duvida!   37

Romantização da guerrilha   39

Sou vegetariana! Meu orixá, não!   41

Eu sou coluna de aço! Se quer passar, arrodeia!   43

Okê Arô, Mutalambô! Protegei os Guarani-Kaiowá!   45

Sumário

Minha Senhora das Águas! **47**

Cenas da Colônia Africana
em Porto Alegre – o povo de santo **49**

O fogo, têmpera do aço,
o tempo, têmpera das gentes **53**

Cavalo das alegrias **57**

Ismael vivo. Para sempre bem lembrado **61**

A história da foto **63**

Uma palavra para a Caçadora **65**

Sobre um menino dançante e sorridente **67**

Delegado! **69**

O universo de Itamar Assumpção **71**

O Babá no mercado **73**

Por te amar **77**

Luiza Bairros, obrigada **79**

MaravilhElza, como diria Chico Brown **85**

Dublê de Ogum

Tudo começou com uma brincadeira quando ele ainda era criança. O menino subia na cisterna com a capa de prata colada ao pescoço, espada de plástico azul em punho, e gritava: "pelos poderes de Grayskull!". Depois, pulava no chão fingindo voar. A família preocupava-se porque ele já era um moço com sombra de bigode e não abandonava o brinquedo infantil, mesmo que o desenho animado não passasse mais na TV. Às vezes ficava emburrado, pensativo. A mãe atribuía o fato ao fim do desenho.

Aos 13 anos, completados em 24 de abril, muniu-se da capa e da espada e parou no portão da casa, de braços cruzados, olhar muito firme. Assim ficou por longos minutos. A avó, que morava na casa de cima, disse que aquilo já passava dos limites e deveriam levá-lo a um psiquiatra. Levaram. A gota d'água para tomar tão difícil e dolorosa decisão familiar foi o dia em que o menino enfrentou um cachorro com sua espada de plástico, dizendo coisas esquisitas: "Não ouse me enfrentar ou levantar a cabeça ou os olhos para me ver, que sua cabeça rolará serra abaixo."

Marcaram a consulta com uma psiquiatra. A avó foi junto. Primeiro a médica explicou às duas mulheres como trabalhava. Disse que não existiam loucos, mas pessoas inadaptadas ao mundo e que viviam em sofrimento mental ou espiritual. Em alguns casos, havia pessoas com deficiência de certas substâncias ou excesso de outras no organismo, coisa que a medicina ortomolecular já estava tratando. O importante era ter abertura para entrar no mundo da pessoa afetada e procurar compreendê-la, sem julgamentos. Alertou também que trabalhava com os sonhos e, como se tratava de um adolescente, a família precisaria concordar em participar do tratamento.

A avó olhou para a filha e achou tudo muito estranho, principalmente o negócio dos sonhos, mas se era para o bem do menino, concordava. Como nos casos de decisões mais sérias quem tomava a frente era a avó, estava todo mundo de acordo – leia-se a mãe, pois o pai, sempre embriagado e ausente, nem via o que se passava.

O menino contou um dos sonhos. Ele se vestia como o Homem de Ferro, personagem dos quadrinhos, e uma matilha de cães o atacava. Ele desembainhava a espada e cortava a cabeça de todos, um por um. Tomado por uma ira terrível, cortava também a cabeça dos passantes que o observavam e não lhe rendiam graças.

Em outro sonho, morava em país distante, onde todo mundo era preto e ele também. Vivia no coração da montanha mais alta, e os moradores avisavam aos estrangeiros que aquela era a casa de um homem jovem, muito grande e muito forte, ferreiro de profissão. O trabalho na forja só era interrompido quando alguém subia a montanha. Ele se dirigia ao incauto e dizia: "O que te traz aqui, viajante? Por que tomaste minha estrada?" Alguns respondiam que andavam a esmo, à procura de um caminho; outros ouviam dizer que, se rogassem a ele, o guardião da montanha e da forja, seus caminhos seriam abertos. Ele ria, jocoso, e indagava: "Como posso te abrir os caminhos se não tens um rumo a seguir?" E então explicava: "Embora aches que me procuras, buscas a ti mesmo e não te faltarei. Mas o caminho deverá ser feito por ti. Posso te conduzir em meus braços, mas a travessia será tua." "E se eu não quiser, posso desistir?" Ele ri, dessa vez um riso estrondoso, de desdém e malícia. "Não há escolha, humano tolo e incrédulo. Quem chega até aqui é obrigado a atravessar." "Você me chamou de humano. Você, por acaso, não é gente?" "Não despeje mais tolice do que tua cabeça comporta. Tu vieste aqui para conhecer os teus mistérios, o meu, não te é dado saber. Prepara-te, pois vais atravessar a montanha comigo."

E cada pessoa que chegava a esse momento não continha um grito de horror quando via o abismo de cerca de dois metros de largura que separava os dois lados da montanha. Como atravessar aquilo? Aquele homem sozinho até poderia fazê-lo, mas como atravessar com alguém no colo?

Alheio às conjecturas dos viajantes, o homem concentra-se diante do fogo. Retira a espada da forja, mira o horizonte, corta para a direita, para o centro e para a esquerda. Coloca-a acima da cabeça, amparada pelas duas mãos, e deposita-a novamente na forja. Ajoelha-se no chão, parece fazer uma prece. Abre os braços e diz palavras desconhecidas. Toma a espada outra vez e ordena ao homem que o aguarda: "Siga-me, viajante!" Para onde? Ele pensa. Para o abismo? Pergunta-se o que fora fazer ali e despede-se da vida, pois é certo que vai morrer. E se fugisse? Impossível, conclui. O homem da espada era um potente guerreiro, de um lugar chamado Irê, e o alcançaria em poucos passos. Isso se não o transformasse em pedra, bicho ou grão, por meio de algum raio, ou coisa que o valha. O homem poderia cortar-lhe a cabeça com a espada. Não, era mais prudente esperar a morte certeira no abismo.

O ferreiro, muito sério e determinado, chega a menos de um metro do buraco fundo que separa os dois lados da montanha e chama o homem: "Venha, é chegada a tua hora." Finca a espada na pedra e pega o homem de 80 quilos em seu colo. Ele se agarra ao pescoço do ferreiro como um bebê. O ferreiro retira a espada do chão, ergue-a para o céu, flexiona os joelhos e voa para a outra margem. O homem, quando abre os olhos, já está em terra, na margem oposta. O ferreiro dá outra ordem: "Siga por aquela estrada e encontrarás o caminho! Não olhe para trás." "Não entendo, a estrada não é o caminho de volta?" O ferreiro ri e diz que sua parte está feita.

A médica impressiona-se com a riqueza de detalhes dos sonhos do garoto e pergunta o que eles despertam nele. O garoto diz sentir-se aquele homem, o que corta as cabeças, é de ferro e voa com uma espada na mão. Um dublê de Ogum, intui.

Seu Marabô

"Mas você não vê como ele flutua? É incrível. Fascinante. Encantador!"

"Não, não vejo nada. Só sinto que ele roda, gira, gira e não tenho controle."

"Ah, é uma pena que você não veja. Ele é diferente, anda de lado, dançando. E gira de lado também, torto. E tira o chapéu, cumprimenta as pessoas e sorri de lado."

"E vocês não têm medo?"

"Medo? Nada, de que jeito? Ele é duro, não alivia, põe a batata quente na mão da gente e você que se vire, que resolva seus problemas. Mas é humorado, engraçado, filosófico. Usa metáforas que todo mundo entende. Outro dia recomendou a uma moça que derretesse em um tacho de estanho o orgulho que lhe obstruía o peito, os olhos e a respiração. À outra falou um negócio sobre a cavalaria que ela trazia dentro do peito. Disse que cavalo cansado não ganha guerra. Precisa parar, descansar, beber água e dormir. Disse que, se o cavalo está cansado, na hora em que o cavaleiro mais precisa dele o bicho resfolega e não responde. Já pensou que vexame perder a guerra porque o cavalo está cansado? A mim disse que eu era dele, que carregava o povo dele. Por isso, não deveria passar no meio de encruzilhada, sempre nas laterais, pois para entrar na casa dos outros não tem que pedir licença? Então. Era assim também para passar pela casa do povo da rua. Olha lá, olha lá! Lá vem ele."

Bandido também tem santo

Era terça-feira e eu ia para mais uma entrevista de emprego. Estava marcada às nove; por segurança, resolvi sair de casa às seis. Tinha lotação, trem e metrô pela frente. O relógio tocaria às cinco horas, mas às quatro eu estava desperta. Banhei-me. Fiz as orações do dia. Pedi o emprego com fé. Senti aquela brisa quente atrás da cabeça de quando a resposta de Ogum está a caminho. Resolvi me vestir de branco. Saí.

    Fechei o portão. Caminhei em direção ao ponto de parada do lotação. Um sentimento de que faltava alguma coisa tomou conta de mim. Abri a bolsa, tudo o que eu precisava estava lá: carteiras de trabalho e de identidade, conta de luz paga, cópias do currículo impressas, endereço dos três lugares onde buscaria emprego naquele dia, sanduíche de pão com goiabada, garrafa de água e um livro para ganhar o tempo no transporte público. Não faltava nada, mas a sensação permanecia. A brisa na cabeça voltou e me impeliu de volta para dentro de casa. Fui direto até a gaveta da cômoda e peguei um fio de contas. Coloquei no pescoço e ajeitei dentro da blusa.

O retorno à casa me fez perder a lotação. Fiquei sozinha no ponto, mas logo, logo, encheria de gente. Veio vindo um rapaz de tênis de cano longo, bermudão, camiseta larga, boné e, lógico, *headphone* no último volume. Óculos escuros também. Ele se sentou na murada ao meu lado e tirou um cigarro. Antes de acender, parou uma Blazer de vidro fumê na nossa frente, saltaram dois caras e cada um pegou num braço dele. Mandaram ficar calado e o jogaram dentro do carro. Alguém gritou lá de dentro: "Pega a mina dele também, vacilão! Vai deixar aí?" Não havia outra mulher por ali. A mina do desconhecido era eu.

Empurraram-me para o banco de trás com o cara. Eu tentei dizer que era engano. Eu nunca o tinha visto antes, só estava ali esperando o transporte. Ia fazer entrevista de emprego. Tinha a carta de convocação na bolsa, podia mostrar... O motorista mandou que eu calasse a boca, não estava interessado. Ao meu lado, os grandões espancavam o rapaz e gritavam: "Você vai me dar meu dinheiro, vagabundo. Se não der, vai morrer. Tá ligado? Fala! Onde é que você escondeu o dinheiro? Fala, vagabundo, fala". E dá-lhe porrada. O rapaz, calado. Eu queria interferir, pedir para eles pararem de bater no menino, mas aí pensariam mesmo que eu era namorada dele.

Paramos num sinal. Tinha um carro da polícia estacionado, vazio. Os policiais deviam estar na padaria comendo coxinha. Por via das dúvidas, afundaram o rapaz no vão entre os dois bancos. Nossos sequestradores ficaram tensos. Engatilharam as armas. Eu, uma filha de Ogum, entro em pânico quando vejo arma de fogo, e comecei a tremer e a chorar. Um dos caras passou o braço pelas minhas costas, tapou minha boca com uma das mãos e com a outra encostou o cano do revólver no meu fígado. Disse que, se eu não calasse a boca naquele instante, ele apertaria o gatilho, sem dó. Calei. O sinal abriu. O motorista arrancou devagar.

Os donos do carro deram mais umas voltas com a gente. O rapaz espancado não dizia palavra. Eu também não. Um dos rapazes que batia pegou meu pescoço, apertou meus seios com violência, disse ao rapaz espancado que ele veria o que fariam comigo, na frente dele, caso não contasse onde estava o dinheiro. O menino nem abria os olhos, tinha apanhado muito, estava quase desacordado.

Chamei por Ogum, e a massa de calor em movimento atrás da cabeça me levou a colocar a mão no ombro do caladão sentado à frente. Disparei a falar, era a chance única de salvar minha vida. Repeti a história da entrevista para o emprego, puxei minha carteira de trabalho, o sanduíche de goiabada. Disse que não conhecia o desafeto deles, que simplesmente eu estava no lugar errado, na hora errada. E o outro, louco, noiado, apertando meu pescoço com a mão e esticando a outra para rasgar minha blusa. Ele arrancou dois botões e enroscou a mão na conta, puxou e cortou o dedo no fio de nylon. Arrebentou tudo. As pedras brancas, como pombas, voaram pelo carro. Bateram no vidro fumê, no teto da Blazer, caíram no colo do moço da frente. Ele abriu as mãos para as miçangas e sorriu. Mandou parar o carro. Desceu, abriu a porta, estendeu a mão para mim e disse: "pode ir embora".

Ainda ouvi ele dizendo para os amigos: "Deixa a menina em paz. Não viu que ela é filha de Oxalá? Gente de Oxalá não mente, não!"

A velha na soleira da porta

Terminaram de aprontá-la e a assentaram à frente da porta para receber os convidados. Só os homens. Tradição balanta.
   Durante sete dias ficará ali, dia e noite, noite e dia, recepcionando os visitantes. Sempre homens. As crianças passarão pela rua, rirão e farão comentários, mas não se atreverão a chegar perto. Algumas mulheres ficarão curiosas, principalmente as de fora, que se perguntarão por que só os homens podem ir até lá.
   Ela receberá presentes levados pelos homens e eles conversarão com ela. Conversas que ninguém saberá o teor.
   Depois de sete dias, ela sairá da casa onde viveu toda a vida. E descansará. Em paz.

Durga e a Senhora das Águas

Onde queres Odé serei Durga. Teu mel-veneno não me encantará. Eu te revelarei o belo com o mel de minha íris quando meu olhar exuzilhar o teu.

Montada em um tigre branco irei a teu encontro, para que reconheças minha força e ouças minha versão da caçada. Eu que nasci da boca flamejante de Brahma, Shiva, Vishnu e Xangô Aganju, envolta nas águas da Mãe que também te trouxe ao mundo, te saudarei com dez braços e um olho de lótus que mais nada verá, além de ti, Rainha de todas as águas, de todo o doce do mundo.

Vestirei o traje azul brilhante de Durga e emitirei raios que te darão tônus e calma. E, quando quiseres descansar tua força descomunal, te oferecerei dez mãos macias e poderosas, fortes o suficiente para te amparar.

Dedicarei meus nove dias de culto a ti.

No primeiro, te oferecerei flores e água fresca e desejarei, em silêncio, que abras olhos e braços à sede que tens de mim.

No segundo, o coro de colibris de Odé cantará o canto de amor que compus para ti.

No terceiro, te darei minerais, preciosos ao teu gosto fino: quartzo, ouro, diamantes, turmalinas.

No quarto dia, tu te permitirás ser ninada por meus dez braços.

No quinto, tu compreenderás que não existo sem ti.

No sexto, explodindo de contentamento, a lua criará mais uma fase, cheíssima de amor.

No sétimo dia, brindaremos às águas com vinho branco de palma da adega de Ogunjá.

No oitavo dia, Olodumarê e Shiva sorrirão ao nosso amor.

No nono, beijarei tua boca de ameixa, sorverei tuas águas de amora e dormirei em teu leito de lavanda.

No décimo dia, o dia da vitória, teu ego morrerá de morte consciente e tu dobrarás os joelhos aos pés de Oxum, para agradecer e acolher o amor mandado por ela, para te render graças e homenagens por todo o sempre.

A menina dos olhos de Oyá exuzilhou o racismo religioso na avenida

A menina dos olhos de Oyá foi reverenciada na passarela do samba. O enredo da Mangueira popularizou para o grande público o codinome dado à cantora Maria Bethânia por sua Iyalorixá, Menininha do Gantois, imortalizada na canção de Caymmi de 1972, *Oração à Mãe Menininha*.

Quem não se lembra do dueto de Gal e Bethânia louvando a honrosa matriarca: "A estrela mais linda, hein?/Tá no Gantois/E o sol mais brilhante, hein?/Tá no Gantois/Olorum quem mandou essa filha de Oxum/tomar conta da gente e de tudo cuidar".

Ou da menos conhecida, mas igualmente bela, *Réquiem pra Mãe Menininha do Gantois*, composta e interpretada por Gilberto Gil, em 1986, quando da partida da Iyalorixá para o Orum. Uma homenagem pujante e clássica, um réquiem para aquela mulher fundamental na expressão da religiosidade brasileira em seus fundamentos africanos. "Foi/Minha mãe se foi/Minha mãe se foi/Sem deixar de ser – ora, iê-iê, ô/ Sem deixar de ser a rainha do trono dourado de Oxum/Sem deixar de ser mãe de cada um/Mãe/Do Orum, do céu/Do Orum, do céu/Me ajuda a viver nesse ilê aiê."

Músicas de um tempo, as décadas de 1970 e 1980, em que as religiões de matrizes africanas podiam ser livremente cultuadas, pelo menos no cancioneiro popular e no Carnaval. Pois a perseguição policial aos terreiros se manteve desde os primórdios do período escravista, quando, para realizar as cerimônias, os rituais religiosos africanos precisavam se travestir da liturgia católica. Foram décadas de acossamento verificável na invasão e na destruição de terreiros, espancamento de frequentadores e sacerdotes, sequestro de patrimônio, ainda hoje em mãos da polícia, ocorrido nas primeiras décadas do século XX. Tempos também de persecução menos percebida às casas de àsé, no período da ditadura civil-militar.

Hoje, com a hegemonia das igrejas caça-níqueis e sua sanha militarizada contra os terreiros de candomblé, perseguição materializado no apedrejamento de praticantes, invasão e destruição material dos espaços de culto – veja-se o exemplo do incêndio criminoso no Ilê Àsé Oyá Bagan, em Brasília, em 2015, entre dezenas de outros. Disseminam-se também as agressões morais às autoridades religiosas do candomblé, às casas de umbanda, aos centros de cura regidos por princípios de religiões africanas e afro-ameríndias; os homicídios de sacerdotes, dolosos ou não; e agressões físicas de norte a sul do país.

O enredo *A menina dos olhos de Oyá* embasa a luta contra o racismo religioso. Espraia o ideário do 21 de janeiro, data do falecimento da Iyalorixá Gildásia dos Santos e Santos, a Mãe Gilda, de Salvador, em decorrência de agressões sofridas por uma igreja evangélica, em outubro de 1999.

Na ocasião, o jornal *Folha Universal* estampou na capa uma foto de Mãe Gilda em trajes cerimoniais para ilustrar uma matéria cujo título era: "Macumbeiros charlatões lesam o bolso e a vida dos clientes." A casa da Iyalorixá foi invadida. O marido foi agredido verbal e fisicamente por membros dessa igreja evangélica e sua casa de àsé foi depredada. Mãe Gilda não suportou os ataques e enfartou. Faleceu três meses depois, no dia 21 de janeiro de 2000, tornado então Dia Nacional de Combate à Intolerância Religiosa.

O desfile de Carnaval campeão da Mangueira foi um suspiro de liberdade para todas as pessoas que professam um mundo de respeito às crenças de cada ser humano. E, no caso brasileiro, à valorização coletiva das culturas africanas, estruturantes deste país.

Mas quem é Oyá, Iansã, representada por sua filha, a cantora Maria Bethânia na Sapucaí? Para conhecê-la, bem como sua presença nos rituais artísticos da filha dileta, recomendo a leitura da dissertação do antropólogo Marlon Marcos (UFBA), *Oyá-Bethânia: os mitos de um orixá nos ritos de uma estrela*. Decerto, um das dezenas de materiais consultados pelo carnavalesco e pelos compositores da verde e rosa para o desenvolvimento do enredo.

Marlon Marcos a define assim: "Dos orixás cultuados no Brasil, um dos mais populares é Oyá, mais conhecida como Iansã. Esta deusa africana começou a ser cultuada primeiramente entre os iorubás. E a sua adoração passou a atingir toda a extensão das diversas etnias do mundo iorubano, fincando-se destacadamente em cidades como Oyo, Kossô, Irá, Ifé, Ketu, regiões que hoje compreendem uma parte da Nigéria e do atual Benin. Oyá é o orixá dos grandes movimentos e das várias formas. Formas estas que representam seu domínio sobre vários elementos da natureza, a sua essência é a liberdade inclinada à constante transformação."

Bethânia, emocionada ao final do desfile das campeãs, em resposta inteligente a mais uma pergunta tola, rogou para que Iansã nunca nos esqueça, pois sem ela não se anda! É que

Iansã é movimento. A mais pura e contraditória expressão do movimento. É a senhora dos ventos, das tempestades, dos raios e trovões. Da mudança. Da transformação. Da impermanência. Por isso, sem ela não se anda.

A cantora, desejosa de homenagear a mãe, Dona Canô, fez uma tatuagem de rosa vermelha no braço que empunha o microfone, para que todos vissem. Revelou tratar-se de artifício temporário, uma vez que por interdição religiosa ela é impedida de tatuar o corpo.

Outra demonstração de fidelidade a preceitos religiosos dada pela Estrela emergiu de uma interpretação do pessoal do dendê. Segundo eles, Bethânia desfilou no chão no dia de comemoração da vitória porque, caso viesse em carro alegórico, ficaria numa posição acima da cabeça de sua ialorixá, Carmem do Gantois, que a assistia de um camarote. Isso não seria aceitável. Na versão da cantora, apresentada a jornalistas, houve um problema com o carro e ela não teria conseguido chegar a ele.

Cada um escolha a versão que mais lhe sirva ou encante. Cá comigo, penso que Bethânia está certa em se preservar. A turma do dendê também, ao revelar o que pode fortalecer o costume. Tudo é enredo. Tudo é mistério em transformação.

Eparrei, Oyá! Eparrei!

Subúrbia e Guimarães Rosa

Outro dia ouvi Guimarães Rosa na boca de uma Preta Velha (entidade das religiões afro-brasileiras) em uma telenovela. Dizia a venerável voz à Conceição, consulente atormentada: "A vida é assim mesmo, minha filha, esquenta e esfria, aperta e afrouxa, sossega e depois desinquieta. O que a vida quer da gente é coragem."

Curioso! O mesmo trecho escolhido pela presidenta Dilma Rousseff para concluir o discurso de posse. No caso desta, demonstração de erudição sensível, além de cala-boca no tucanato mineiro que a acusava de bandeamento para o lado dos gaúchos. Na emissão da Preta Velha, entretanto, o trecho rosiano é signo de reapropriação da cultura popular pelos autores de *Subúrbia,* telenovela em foco.

Rosa bebeu da cultura do povo do sertão de Minas para compor sua obra. As mesmas brenhas alegóricas de onde vem Conceição, personagem central da história. O povo de Minas e do Brasil bebe da ancestralidade negra, ontem e hoje. Rosa, então, está bem-posto e faz sentido na boca de uma Preta Velha, de onde a vida e suas exigências emanam.

É tudo círculo. Roda. O mundo gira e volta ao lugar do princípio. Da sabedoria popular na Terra e da sabedoria ancestral que se manifesta pela Preta Velha. Bonita, a poética de *Subúrbia*!

Os que já foram

Reza a lenda familiar que o bisa saiu para buscar a parteira e, quando voltou, a criança já tinha dente. Era um bom homem, mas era rei e, como tal, ninguém lhe punha cabresto. Rei de Congada. Rei da Marujada. Rei de casa de adobe, ninho de barbeiro nas frestas. Um rei altaneiro, esguio e serelepe. Rei de Congada. Rei da Marujada.

A mãe do bisa tinha sido forra. Eva, quituteira afamada no Rio Preto. É onde se vai mais longe na saga alcoólica da família. Bebia até cair na rua e ser recolhida pelos filhos, o bisa e o irmão. O primeiro cumpria o papel filial, mas o segundo reclamava, maldizia a mãe. Esta lhe rogou uma praga, e praga de mãe ninguém tira. Mostrou-lhe um pote, disse que havia bebido até a metade e, dali para a frente, não mais beberia e cabia a ele continuar. Contam que foi dito e feito. O tio-bisa morreu de tanto beber.

Uma avó tinha devoção às almas. Contava que uma vez lhe roubaram uma trouxa de roupa limpa, passada, pronta para entregar. O roubo foi à noite, e ela descobriu logo. Foi para o terreiro e pegou com as almas, as santas almas benditas. Acendeu velas lá no terreiro, que vela pra morto não se acende dentro de casa. Fez uma reza forte, daquelas que não ensinava às filhas porque não era coisa de criança. Foi dormir.

No outro dia pela manhã, bem cedo, quando estava a caminho da bica, encontrou a trouxa de roupa na porta da casa de uma vizinha, a uns 200 metros da sua. A vizinha contou que um moço caminhava trôpego, como um bêbado que carregasse um fardo de pedras. Não aguentou e largou ali a trouxa. Ela desconfiou de que pertencesse à vizinha, maior lavadeira da região, mas, como não estivesse certa, não foi avisar. A avó agradeceu e disse que era dela mesmo, roubaram, mas não tiveram força para carregar. Ação das almas, pensou. E ainda lhe mostraram a casa do ladrão, pois que devia ter sido o filho daquela vizinha. Moço preguiçoso, achava mais fácil roubar do que trabalhar para comprar.

A outra avó contava histórias de índios caçados a laço. Índios bravos, de pele preta, do Vale do Jequitinhonha. Histórias da sua ascendência. Histórias, também, de suicídio e de tristeza, de alcoolismo e de correntes, de trabalho e pouca valia.

Mas basta de angústia e agonia. Que rufem os tambores do bisa para vibrar por todo o sempre a alegria.

Oração da terça!

Terça-feira é dia d'Ogum, camarada. Conheço bem essas coisas. Para cima de mim não cola essa patacoada de terça da grande batalha espiritual contra o mal na sua igreja. Até entendo, pois é do seu conhecimento que na rua Ogum trabalha, e antes do culto você já entregou o que é dele, assim garante o funcionamento da coisa e posa de milagreiro.

Ogum é sujeito bom. Arrisco a pensar que se diverte com sua conversa mole de quebrar as sete forças do mal, com esse seu jeito estúpido e nada criativo de tentar manipular os símbolos dele. Estou falando do numeral sete, porque a maldade é por conta da sua cabeça. Porém, tome tento, o cara é bom, mas quando embravece, saia da frente, porque não sobra cabeça sobre pescoço. A sua já está na mira da espada, abra o olho!

Diferentemente da mensagem do panfleto entregue nas estações de trem, às 18h (hora de Exu, bem sei e você também sabe), para as pessoas que chegam em casa cansadas e desesperançadas, saiba que o povo oferenda comida, bebida, moedas, luz e flores nas encruzas porque aqueles são lugares de confluência energética.

Recebida a entrega orientada (é tudo troca), o povo da rua cuida de espalhar no mundo as coisas do mundo e de quem está no mundo em interação com as forças do universo: o amor/o ódio, a admiração/a inveja, a saúde/a doença, o bem--querer/o mal-querer, a luz/a sombra. Tudo varia na intenção de quem manipula a força.

A estrada aberta pode dar num beco sem saída, numa bifurcação ou em direções múltiplas, depende da mestria e dos destinos espirituais do caminheiro. Os sentidos que se encontram e também se desconectam são o princípio de tudo, a encruza, então, é lugar de principiar as coisas.

Com negócio de cemitério, eu não mexo, mas tenho certeza de que você tem muita experiência sobre o assunto. Que o digam os concorrentes na caçada ao rebanho que você deve enterrar por lá.

Os trabalhos em pedreiras, cachoeiras, rios e matas são mobilizadores das forças da natureza.

As pedras nos trazem a noção de resistência, silêncio, e a compreensão do quanto somos ínfimos diante da criação.

As raízes, as flores e os frutos da mata, tudo o que se transforma, apresentam a transitoriedade do que nasce e morre, os novos estados a cada estação.

Os rios e as cachoeiras nos ensinam, água que brota não cessa, cria e recria a vida, nutre segredos tal qual o rio, calmo a nossos olhos, mas polvilhado de redemoinhos e quedas.

O mar nos dá o sentido da travessia, da profundidade de sentimentos, da imensidão de horizontes, das forças maiores que fazem surgir, da instabilidade das ondas, a serenidade em nós.

Orixá é poesia. É amor. É lamparina acesa na noite dos tempos. É o zelo silencioso pela energia vital e pela harmonia da vida na Terra.

Xangô!

Eu vi Xangô assentado no pilão, com uma gamela sobre a perna direita, acalentada por sua barriga ao fundo e a mão gorda escorada no joelho. O corpo pendia para cima da gamela, como se a comida o devorasse. Com o indicador da mão esquerda em riste, ele discursava sobre alguma questão de poder no reino.

Era Xangô ou Buda? Era o Buda Nagô!

Vez ou outra, ele calava e trocava a gamela de lugar, abraçava-a com o braço esquerdo, deixando a mão direita livre para fazer montinhos de amalá, que levava à boca gulosa. Ele sorvia barulhentamente a comida pastosa. Eu observava sua destreza para comer. Fazia-o como adulto, nem um pouquinho de quiabo escorria pelo braço ou mesmo pela mão.

Xangô me olhou, leu meu pensamento e explicou: "Quem come com a mão e faz lambança é criança, sinal de que ainda não aprendeu a ser grande." Eu encarava minha sina, pois nunca conseguiria comer comida de caldo com as mãos sem vê-la escorrendo pelo braço. Ele zombava da minha ignorância.

O Rei dos reis voltava a discursar, agora com o indicador da mão direita apontado para o Orum, porque precisava dela livre para alternar fala e comida. O equilíbrio do poder no reino era o tema. Eu ouvia com atenção (porque ele se irrita quando nos dispersamos), mas pensava mesmo no poder do quiabo.

Dizem que as filhas e os filhos de Xangô se parecem com a erva malvácea, cuja baba se espalha por lugares impensáveis, caminhos que ninguém imagina e dessa forma chegam aonde querem. São assim, principalmente, na oratória. Inusitados como o pai que faz a prole compreender a natureza do poder enquanto ele come sua comida predileta.

Filhas e filhos de Xangô, por sua vez, preferem a metáfora do vulcão em erupção e da lava espraiada por todos os cantos. Gente de Xangô nasce do magma flamejante vindo do interior da Terra que depois se espalha, cobrindo tão larga superfície que nem os olhos podem alcançar. É também uma gente ruidosa, destruidora, mas fertiliza o solo para o novo, como a lava.

Talvez o saber mais recôndito do quiabo seja a flexibilidade para buscar novos caminhos, se não der de um jeito, que seja de outro.

Xangô não sabe escrever um nome na areia, esculpe-o na pedra. Seu consolo é saber que a pedra um dia foi água e a natureza das coisas permanece, mesmo quando muda de forma.

Coisas que nem Deus mais duvida!

A senhora brandia os braços, inflava bochechas e olhos, tremia a boca pequena. Era Madame Mim performando um poema.

Coisa boa não viria dali. A colega já havia feito caras e bocas de incredulidade quando apresentei meus livros no sarau. Reparei que não aplaudiu, assim como as outras pessoas fizeram comigo naquela noite.

Houve um preâmbulo antes do poema, a autora dizia: "No meu tempo (como vocês podem ver, eu sou velha), a gente chamava os pretos que a gente gostava de negão, quando era homem, neguinha, quando era mulher. Era carinhoso. Hoje, se a gente não for politicamente correto, pode até ser preso."

Nessa hora, seus olhinhos de Madame Mim encontraram os meus e, de pronto, tratei de exuzilhá-los, fechei meu corpo com a mão direita e, com a esquerda, levantei meu Tridente.

A chuva apertou e N'Zila rodou, me levou para fora das paredes de vidro da biblioteca, para o local exato onde havia feito minha saudação de chegada. Era uma encruza da Henrique Schaumann com Cardeal, 777 era o número da casa. N'Zila dançou para mim e apontou o céu, logo cortado por um raio de Kaiongo. Eu saudei N'Zila e o raio, agradeci. Quando um deles ilumina meu caminho, é sinal de anunciação.

De volta ao sarau, de olhos abertos, aqueles versos malfeitos e ressentidos machucavam meu coração. A mulher velha desprovida de sabedoria destilava mágoa e saudade dos tempos da escravidão. Dizia num poema torto que solução para o racismo é que os pretos se pintem de branco e se tornem cinza (cinzas, quem sabe?) e os brancos se pintem de preto, obtendo o mesmo resultado.

Terminada a performance, ouviram-se uns fracos aplausos constrangidos, outros, consternados, afinal, tratava-se de uma idosa e muita gente acha que a idade justifica tudo. Duas ou três pessoas, além de mim, não descruzaram os braços. Um rapaz muito sério, que se eu o encontrasse andando pela rua julgaria mestiço, levantou-se negro e mandou uma letra de rap aguda sobre a hipocrisia das relações raciais no Brasil. Tinha uns palavrões cabeludos e o menino de lâmina nos dentes colocou os tridentes nos devidos lugares.

Eu reuni meus livros e trocados, olhei a chuva intermitente e vi Kaiongo à minha espera, absoluta e bela, próxima ao cemitério.

Guardei a distância respeitosa da natureza que não se afina com a casa dos mortos. Kaiongo veio sorridente, me abraçou generosa, só amor. Eu entreguei o que era dela: "Toma, Senhora dos Raios, leva daqui essa carcaça, esse egum da mentalidade colonial e racista que inda sibila entre os vivos." Kaiongo sorriu outra vez, cúmplice, e desapareceu soberana na noite sem lua.

Romantização da guerrilha

No Araguaia, ninguém colocou a mochilinha nas costas e disse: "Ok, amiguinhos, vamos para a floresta brincar de perseguição, de tortura, de morrer." Numa guerrilha, as pessoas têm necessidade imperativa de sobreviver e, de maneira concomitante, constroem um lugar de existência para o sonho. Para equilibrar essas pontas, lançam mão de firmeza de propósitos, nitidez de objetivos, treinamento, estratégia, tática e resiliência.

Na escola política na qual me formei, guerrilha era uma necessidade, uma necessidade diante da falta de opções para lutar por um propósito, diferente da compreensão do fenômeno manifestada por um pessoal que, do sofá, fuma um, toma vinho e faz "guerrilha virtual", enquanto espera o entregador de comida que recebe quatro reais por entrega. Pior, do sofá, ou da variação *microfone-live*, essa moçada quer liderar gente que trabalha duro, sem parar, que é dona do próprio nariz, tem voz e fala por si. Gente real que talvez utilize mesmo táticas de guerrilha para sobreviver no mercado extrativista.

A guerrilha romântica, esta deturpação do que seja guerrilha, se opõe ao monstro-mercado por meio de discurso e práticas pseudorrevolucionárias. Dia desses, um editor me procurou e justificou a demora para fazê-lo porque imaginou que eu não quisesse publicar por "editora grande". Bobagem, minha gente. Quem tem medo do mar é peixe de lagoa.

O caso é que quem está nas batalhas cotidianas, construindo as melhores condições de negociação, enfrenta a mandíbula predatória do mercado com as armas da troca justa, aquelas que Exu oferece para quem cultiva a ciência de aprender como se guerreia.

O mercado é lugar de Exu. Eu sou do povo de Exu, consequentemente, o mercado é meu território de trocas. Simbora, mar!

Sou vegetariana!
Meu orixá, não!

Outro dia, Iyá Stella irradiava luz pelos corredores embolorados da Academia de Letras da Bahia, em Salvador. O Povo do Àsé tomou conta da Casa do Povo.

Foi resposta do Povo de Terreiro, forte e organizada, ao vereador do PV eleito para defender os animais indefesos, segundo declarações próprias e, por isso, contrário ao sacrifício de animais no candomblé. Sem entrarmos no mérito de por que e para que os animais são oferecidos aos orixás que comem à luz do dia e à luz da lua (não se alimentam dentro do armário, como outros deuses por aí), a pergunta que não quer calar é: por que o animal ofertado nas cerimônias de candomblé é o animal que precisa ser protegido?

Caso o senhor esteja procurando tarefas grandes, vereador, confronte a indústria da carne. Junte seu povo e vá fazer projeto de lei para que os abatedouros tratem os animais com dignidade na primeira etapa de transformação deles em alimento. Quem vê um boi ou uma vaca sendo abatido nesses lugares dificilmente consegue comer carne outra vez. Deixe o Povo do Àsé quieto, este exército de beija-flores que se ocupa de espalhar mel pelo mundo. Demonstre coragem colocando seu mandato em risco. Enfrente tubarões, cachorros grandes.

A humanidade foi coletora e, depois, tornou-se caçadora e carnívora há milhares de anos. Hoje, há esse movimento importante de volta às origens coletoras, aos vegetais e frutos, aos crus, com justificativas diversas, embora haja pouca compreensão de que o osso da fruta é o caroço. O senhor entende isso, vereador?

Eu já vi um boi deitar ao som do canto de oferecimento daquele animal imenso a um orixá. Na festa que viria depois, toda a comunidade presente comeria a carne daquela criatura, preparada com muito riso e amor.

Os animais nas casas de àsé estão em paz, a paz de Oxalá. Volte seu olhar diligente para os abatedouros, lá existem animais sofrendo.

Criar a harmonia não é apagar as diferenças, ensina a tradição africana, é trabalhar com elas. O senhor tem o direito de defender suas ideias sobre os animais sofredores, mesmo que desfocadas, mas isso não lhe confere o direito de entrar na casa de quem quer que seja para dizer como os moradores daquele local devem preparar os alimentos, quando e como devem comê-los.

Eu sou coluna de aço!
Se quer passar, arrodeia!

Yeda Castro proclamou feliz e orgulhosa: "Finalmente a Academia conseguiu reunir a elite tradicional branca baiana com a realeza nagô, que se orgulha de ser negra!" Permito-me discordar da conceituada professora; diria que, finalmente, a Academia de Letras da Bahia, composta pela elite tradicional branca baiana, dobrou os joelhos à realeza nagô, à realeza negra manifesta nos 87 anos da Iyalorixá Stella de Oxóssi! É gesto simbólico, mínimo e forçoso de ampliação do reconhecimento do papel determinante das mãos, pés e ciência africanos na construção do Brasil.

Outro Castro, Ubiratan, sentado em confortável pilão de madeira maciça, escoltado por Bimba e Pastinha, deve ter comentado que está tudo bem posto, o novo está nascendo pelo Fogo Grande da casa de Xangô, regida pela Caçadora, que passava a ocupar, no Ayê, uma cadeira que foi sua. Bimba, de braços cruzados, assentiria. Pastinha gingaria e, com uma mão abraçando o peito e outra acarinhando a barba, diria: "É nagô, mas é angoleira." Bira gargalharia gostoso, Bimba mexeria a cabeça em negativa, mas sorriria da manha de Pastinha. Deus é mais!

"A Caçadora precisa de coragem, pontaria e rotina." Bira falaria novamente, definindo o rumo da prosa. "Silêncio também", ponderaria Bimba, "senão espanta a caça." "É verdade", acrescentaria Pastinha. "Mas a Dona faz barulho, não é?" "Muito", diria o Bira! "É a coragem se revelando para dizer que é tempo de Iansã ser Iansã, de Xangô ser Xangô, de Oxum ser Oxum, sem vestimentas de batismo católico necessárias em outros tempos." "Foi certeira", concluiria Bimba. "Não é à toa que é a Caçadora."

E Bira retomaria a palavra: "Todas as homenagens feitas às Iyalorixás Stella de Oxóssi e Beata de Iyemonjá, à Makota Valdina e ao mundo banto, que sua ancestralidade carrega, serão pequenas reverências ao matriarcado de origem africana que há séculos oferece sábia sustentação espiritual ao povo brasileiro, de maneira generosa e indistinta. Serão gestos simbólicos de reconhecimento e agradecimento a um legado atemporal e imensurável. Serão medidas bem-vindas e necessárias, embora insuficientes. Só mesmo a alegria dos filhos novos que nascem em cada casa de àsé, pelas mãos e pela navalha das Iyás, das filhas e netas, para reverenciar a tradição da maneira exigida para mantê-la viva."

Okê Arô, Mãe Stella! A Caçadora traz comida para toda a aldeia. Traz alegria!

Okê Arô, Mutalambô!
Protegei os Guarani-Kaiowá!

Sou de um tempo em que patrulhávamos a solidariedade aos indígenas, em detrimento da solidariedade aos negros, e por isso criticávamos Milton Nascimento.

Naquele tempo, sofríamos uma pressão insuportável, inexistiam amplificadores para nossa voz e, acima de tudo, sabíamos como o *establishment* operava, e ele preferia dar algum espaço aos índios, que eram centenas, do que a nós, milhões, desde aquele tempo. Havia também o hábito dos engolidores do status quo de relativizar a extensão, a profundidade e o impacto das questões, quando atingiam os negros.

Hoje, mais livres e um tantinho mais vitoriosos, a generosidade é também uma arma de luta, e todos nos tornamos Guarani-Kaiowá e, dependendo de nós, não serão mortos. Somos Quilombo Rio dos Macacos e não permitiremos que a Marinha do Brasil destrua-o física e simbolicamente. Somos a juventude negra enfrentando a morte promovida pelo terror e pela truculência do Estado em todas as periferias brasileiras. Somos Maria da Penha a proteger mulheres alvejadas pela violência doméstica.

É o grande desafio de nos tornarmos sujeitos alquímicos, como nos chamou a atenção Mary Castro, capazes e eficazes para compreender a abarcar o outro, que também somos nós.

Minha Senhora das Águas!

Agora que já cantei, entreguei a comida na mata, o presente às águas, e já choveu, posso falar.

Minha Mãe é de interioridade só dela, não é mansa como pregam os que a percebem capilarmente, é rio de redemoinhos no fundo. Gosta de palco, principalmente quando protagonista da cena, mas é menos midiática que a Senhora dos Ventos.

Suas reverências são mais discretas, não há assim uma comida só dela feita para agradar o paladar do povo no seu dia. Nesse aspecto, ela é menos popular e quer mesmo é que o povo lhe renda graças por meio de agrados e presentes entregues em sua própria casa, enquanto, sem se levantar do trono, observa o movimento à volta.

Oxum não é mansa, é rio de redemoinhos no fundo. São poucas as pessoas que compreendem suas nuances, mas quero mesmo é ser daquelas que compartilham sua essência. E agradecer, enquanto descanso a cabeça em seu colo e me refaço no cafuné. *Nzaambi ye Kwatesa!*

Cenas da Colônia Africana em Porto Alegre - o povo de santo

Eu? De Batuque? De Nação? Nunca fui. Sempre gostei do tambor, não nego, mas de religião não participei. Eu e minhas primas frequentávamos a casa da dona Picurruxa. Assim tratávamos a famosa Mãe Apolinária.

A gente brincava no meio das coisas do santo, com as meninas da casa. Elas assustavam a gente, imitavam os médiuns incorporados. Dona Picurruxa era uma mulher boa como não conheci outra. Ela recolhia as pessoas doentes das ruas, levava para casa, tratava, curava. Não eram filhos de santo dela, eram pessoas que moravam nas ruas. Ela chegou a comprar um terreno grande e uma casa no Morro Santana para abrigar as pessoas necessitadas.

Contam que a tal Iansã, senhora da cabeça de dona Picurruxa, deu o aviso da morte dois anos antes de acontecer. Quando chegou a data prevista, 5 de junho de 1957, ela se foi num sopro.

O velório foi em casa, como era costume na época. O povo serviu guaraná e groselha. Para comer, pastel de carne, bem fritinho, e canudinho com recheio de salada de batata e guisado. Dali levaram o corpo num cortejo compenetrado para o Cemitério da Azenha, a pé. Lembro minha avó sentada na cadeira de balanço com o jornal na mão, lendo para a gente: "A Brigada Militar estima que mais de 2 mil pessoas acompanharam a cerimônia fúnebre de Mãe Apolinária." Eu fui uma delas. Em todas as encruzilhadas, os filhos de santo paravam, rezavam e cantavam ao redor da finada. Ninguém chorava, só cantavam, cantavam bonito e bem alto. Todos estavam de branco, roupas compridas e rodadas. Eu gostava muito dela, por isso quis acompanhar. Foi alegre. Eu nem senti que caminhei de Petrópolis até a Azenha.

Na frente da casa dos meus pais, morava o Pai Joãozinho do Bará, muito conhecido na cidade. Quando criança, eu assistia aos cultos, cantava com eles numa língua estranha. Pai Joãozinho cantava, e a gente respondia. Havia várias casas de religião nas redondezas. Quando tocavam em uma, tocavam em todas. O couro comia. Tinha mão de tocador que rachava, dava calo. Era um som forte, de muito atabaque junto. Uma música que dava zonzeira e levava a gente para um lugar de paz e alegria dentro da gente mesma.

Meus pais eram católicos e frequentávamos as Casas de Batuque quando era preciso, por motivo de alguma doença. O tio Teixeira, por exemplo, teve erisipela e não havia médico que curasse. Católico como o bispo, ele resistia a procurar o Pai Joãozinho. A tia Amelinha dizia: "Homem, vá lá. Se Deus deu o dom da cura para ele, que força têm os homens para renegar?"

Um dia, o tio foi. Pai Joãozinho o recebeu afetuoso e falou: "Demorou, não foi, meu filho? Mas, se esse era o seu tempo, a bonança vai chegar." O pai de santo deu a mão ao tio, que já andava de bengala. Suspendeu a calça dele e viu aquela ferida horrorosa no calcanhar. Não fez cara de nojo, nem mesmo cara feia. Lavou o ferimento com água da moringa, mandou alguém trazer umas plantas, rezou e bateu as folhas pelo corpo do tio. O velho dormiu sentado. Quando se levantou, com a ajuda de Pai Joãozinho e da bengala, o tio recebeu nas mãos uma garrafa com líquido marrom, para lavar a ferida durante sete dias, às seis da manhã, ao meio-dia e às seis da tarde. Cumprido o preceito, a ferida começou a cicatrizar.

Pai João do Bará tinha uma mão santa para tirar doença. Então a gente, mesmo não sendo da religião, era, porque até chamava ele de pai.

As Casas de Nação sempre existiram na Colônia e nos outros lugares todos onde viviam os pretos. Eram meio escondidas para despistar a perseguição da polícia e do governo, não é? Mesmo o Borges de Medeiros sendo batuqueiro, porque ele era. Eu sei porque o primo Teixeirinha trabalhava no Palácio Álvaro de Souza. O carro do governo parava numa Casa de Batuque da Castro Alves. Ia levar o Borges Medeiros para se cuidar no quarto de santo. Cansei de ver o carro parado lá.

Nos anos 1940, os toques nas Casas de Nação tinham de encerrar às dez da noite. Nas terreiras das tias Bibica, Tomásia, Sebastiana e Esperança, muita coisa foi quebrada, e gente apanhou à beça. Na terreira da Afonsina, tinha resistência dura à Brigada Militar. Ela não aceitava quando eles mandavam interromper as obrigações por causa do horário. Com sua autoridade de mãe, punha os soldados para correr.

Contam que, na casa de dona Apolinária, quando os brigadianos chegavam para interromper o batuque, os cavalos empacavam. Quem sabe a paradeira dos cavalos não significava que as bestas tinham encontrado um lugar de paz dentro de si? Digo isso porque certa vez, numa festa, um cavalo cambaleou de sono e, por pouco, não derruba o cavaleiro. O canto dos praticantes amolecia o coração dos soldados que, ao invés de parar o toque, ficavam assistindo às cerimônias.

Alguns deles, é bem verdade, tinham relações familiares com os batuqueiros. Aí o pessoal das Casas ia estendendo o tempo em cada sessão até avançar na madrugada. Isso começou na casa da Mãe Apolinária e, aos poucos, foi chegando às outras.

Tinha também muito preto de Irmandade que era batuqueiro. Preto católico, temente a Deus, que comprava tijolos para construir as igrejas, e o padre nunca tinha tempo para batizar os filhos deles. No Batuque, eles tinham vez, eram gente. Nas irmandades também.

O pai, que não era de Nação, nem de Batuque, nem de Irmandade, dizia que o segredo era manter tudo isso vivo. Era um negro apoiar o outro, sempre. Porque ninguém faria pela gente.

À medida que a gente ia deixando de ser criança, crescia a vontade de saber os segredos. Fazíamos muitas perguntas às tias que eram de Nação, tanto irmãs da mãe como do pai. Não adiantava. Elas não contavam nada. Iam até uma partezinha e paravam. E assim diz que é até hoje: os segredos ninguém conta. Assim como não falam as sete pedras de Xangô.

O fogo, têmpera do aço, o tempo, têmpera das gentes

"Onde você for, que o mal se esconda
e não saia de onde está
porque você tem Ogum de ronda
no clarão do seu olhar."

Naquele agosto de 1991, a primavera chegou mais cedo, quando recebi, em Belo Horizonte, um telefonema dela. Era o fim das noites de angústia, das tardes bucólicas, burocráticas e tristes no trabalho de apenas sobreviver. Da vida de horizontes curtos, apesar dos 20 anos.

Sueli Carneiro me fez nascer pela segunda vez, quando, atendendo a um pedido meu, me convidou para trabalhar e viver em São Paulo. E por isso serei grata em todas as vidas que me for dado viver. Sou grata também pelas lições aprendidas via Método SC. Contumaz (às vezes duro demais), mas amoroso, tal qual o Método Maia.

Sueli, como a sinto, é essência do ferro, do vento, do ouro e do amor de mãe. Lulu que o diga, aquela que a vida inteira precisou dividir a mãe com o mundo e à medida que cresceu e maturou a menina linda, sentiu orgulho imensurável dela. Confio na irmandade taurina para afirmar.

Foi Luanda, aliás, quem me propiciou a segunda lição do Método SC. Em uma situação de festa, eu, em Geledés havia três meses, tive a atenção chamada por Sueli, de maneira brusca e desproporcional. Assustada, eu não reagia; e Lulu, do alto dos 13 anos e do domínio sobre o coração da mãe, avisou: "Mãe, você está machucando a minha amiga, solta ela!" E eu pude respirar.

Aquilo rendeu pesadelos nas férias, dor da falta de entendimento, e quando busquei explicações, era tudo atribuído às cervejas. Ficou o mais importante, o tempo tempera as gentes, como o fogo tempera o aço.

Minha primeira grande lição foi a generosidade de Sueli ao me dar a vida, sabendo tão pouco de mim, não conhecendo minha família, minha origem, só meus olhos ávidos de vida e certos de que São Paulo era meu lugar no mundo. A aposta de Sueli no meu sonho me ensinou a respeitar as pessoas jovens, a não desdenhar de seus mistérios. Esta foi a mais preciosa de todas as lições e posso afiançar que a aprendi bem.

Quando primeiro cheguei a São Paulo, em 1988, para assistir a uma das sessões do Tribunal Winnie Mandela, eu ainda não conhecia Sueli pessoalmente. Não sabia direito como ela era, mas quando vi aquela preta reluzente, pura luz preta, de testa reflexiva e sorriso franco, de olhos vivos, atentos ao mundo, ao novo, dedos finos, elegantemente alternados no queixo e microfone armado, pensei, é ela! É esta mulher que escolho para me fazer quem quero ser.

Eu estava hospedada na Vila Sônia e não tinha noção das distâncias da cidade. Então, num domingo, Sueli, que morava perto dali, deslocou-se até o lugar onde eu estava para discutir comigo um projeto de pesquisa, para o qual faltava interlocução na universidade. Eu me senti tão valorizada, tão importante, tão gente, que, a partir daquele momento, passei a dedicar minha vida para provar àquela mulher que o cuidado que tivera comigo não fora em vão.

E continuei indo a São Paulo todos os anos desde então. Economizava centavos para a viagem à Terra que para mim era Sol acima de qualquer cinza. Eu passava muito tempo em Geledés e adorava quando Sueli me convidava a acompanhá-la nas coisas que fazia. Era tanta gente importante que ela me apresentava, gente que olhava para ela com apreço e admiração. E quando eu pegava o microfone, abusada, como sempre fui, ela me ouvia com atenção e olhos enluarados e sorria. Sorria e balançava a cabeça como Steve Wonder a cantar. E eu me agigantava, Coutinho esgrimindo seus dotes para Pelé observar.

Vinte dias depois do telefonema que adiantou a primavera, me apresentei àquela que passaria a comandar meu exército interior. Ainda demorou mais de dois anos para que eu conseguisse trabalhar diretamente com ela e nesse período fui testada inúmeras vezes.

No primeiro teste, outra diretora, talvez enciumada pela forma como eu idolatrava Sueli Carneiro e também para demonstrar poder, me ofereceu, na frente dela, uma viagem aos EUA. Eu deveria representá-la numa conferência e ler um trabalho seu. Eu tinha 24 anos, saíra da roça para a cidade grande há pouco tempo e a tentação era grande. Sueli mantinha-se calada, apenas observava.

Serena, agradeci a lembrança e o oferecimento, mas não poderia aceitar porque não falava uma gota de inglês. A diretora insistiu, contrariada, irritada. Argumentou que não era necessário dominar a língua, ela treinaria a leitura do texto comigo. Não, obrigada, eu não falo inglês, reiterei, orientada pelos velhos que sustentam meu Orí e pela certeza da lição aprendida em casa, de que, na vida, a gente deve ter valor, não preço.

Foram extenuantes os testes ao longo de vários anos de convivência, também as dores, os jogos de interesses e poder, sacrifícios da vida pessoal e frustrações decorrentes, que foram matando aos poucos a alegria, e me levando a desistir da política e a retomar o sonho da literatura.

O saldo é positivo, lógico. Sou quem sou, porque um dia Sueli Carneiro me deu a vida e, justamente, para honrar este presente, entendi que precisava seguir meu próprio caminho e reinventar meu lugar no mundo.

E é essa reinvenção que faço nas crônicas diárias, nos livros, nas intervenções públicas, no aprendizado com as pessoas mais jovens. Minha cidade e minha família me deram régua e compasso. Sueli me deu uma tela ampla para xilografar minha história.

Ogum iê, Sueli Carneiro! Mulher do ferro, do vento, do ouro e do amoroso coração de mãe!

Cavalo das alegrias

Belo Horizonte amanheceu triste. O cavalo das alegrias foi trotar em outras montanhas, junto das Pretas Velhas que o iluminavam desde Pirapora, das barrancas do São Francisco, rio de carranca nos barcos para espaventar espírito ruim das águas.

Sem dons divinatórios, tampouco a ajuda de um oráculo, arrisco-me a dizer que Marku Ribas era de Exu, senhor de todos os começos. Pareado por Iansã e Xangô, e a tenacidade de Obaluaê, talvez, aquele que insistiu em viver. Difícil intuir dele a regência do Orí, tamanha a convergência de forças da natureza representada por sua presença de magma e de liberdade.

Doce como um beija-flor para brincar com a voz e nos fazer suingar mesmo que amarrados. Intenso como a trilha sonora exatinha para namoros *calientes* e deslizantes. Forte e assustador (atraente) como uma carranca para dizer coisas inusitadas e de esguelha às vezes, como retirar de Milton a coroa da voz de Minas e deixar interdito para quem quisesse entender, que ele, Marku, era a voz das Gerais.

E o músico criativo e intempestivo, por anterioridade e posto, tinha autoridade para dizê-lo, afinal, Minas são muitas. Não foi o que disse o Rosa? Ou terá sido Drummond? Mas o canto de Milton é a voz de Deus. É a voz de Minas. É a minha voz. Ponto-final.

Esse pessoal que ouve Roberto Carlos como aquecimento para uma noite de amor precisa conhecer Marku Ribas. Não há kundalini que durma sossegada quando ele canta. Ele acorda a libido do mortal mais inerte.

A primeira vez que o vi presencialmente me traumatizou. Faz mais de 20 anos, na UFMG. Creio que ele estava voltando da Europa e fixando residência em BH. Aceitou convite para fazer uma pequena apresentação em um evento promovido por um grupo de estudantes negros. O cachê era ridículo, o som impronunciável de tão ruim e ele um artista magnífico, que entre outras façanhas tocara com o Rolling Stones. Marku ficou tão injuriado com a péssima qualidade de tudo que, depois de criticar as pobres promotoras da coisa e um ingênuo grupo de rap que também se apresentou, antes dele, rejeitou o microfone e tocou à capela.

Depois passei anos vendo-o pela TV, até que fui assisti-lo no Sesc Pompeia, em São Paulo, numa participação em show de uma banda de mulheres. Ele arrasou, com o querido Rubi, antítese dele, de energia mais convergente, pelo menos naquilo que um rio converge. Menino suave. De Oxum. De Logun.

Marku passou por mim e outras pessoas que aguardavam a apresentação. Carregava um cabide com a roupa do show e nos cumprimentou. A nós, pretas parecidas com tantas outras que o admiravam mundo afora, ele mirou como velhas conhecidas. Brincou conosco, perguntou se íamos assistir à banda. Íamos. Ele então nos disse com um olhar de céu e mar que seria muito bom estarmos juntos.

No Brasil, alguns o comparam a Al Jarreau, não sei. Fã e seguidora que sou deste mago do instrumento-voz, penso que Marku é ainda maior, porque tem uma composição singular, cujo exercício de aprimoramento lhe exigiu toda a vida. Para mim, sua música é irretocável. Não digo o mesmo das letras, me incomodam as mulheres estereotipadas.

Artistas imensos como Ricardo Aleixo, Paulinho Pedra Azul, Grace Passô, Maurício Tizumba, Gilvan de Oliveira, Leda Martins, Titane e Jorge dos Anjos escolheram viver em BH, assim como Gonzaguinha e Rui Moreira – que apesar de não serem mineiros fizeram a mesma escolha. Esses artistas saem das alterosas, bebem as águas do mundo de fora e voltam revigorados para Belo Horizonte, nascente de onde fluem para o mundo.

Eu os admiro demais. Eles têm uma coragem e um amor a esse pedaço de Minas que nunca consegui desenvolver, talvez por isso, porque amor e coragem não são matéria para tentativas: quando chega a hora de vir, brotam. Marku Ribas também era como esses grandes, amava Belo Horizonte.

No Aiyê, Cavalo das Alegrias, nós guardamos silêncio para escutá-lo, enquanto por aí, no Orum, as avós Maria Conga e Curtinha, no mesmo silêncio nosso, preparam o palco para a folia do cantador.

Ismael vivo:
para sempre bem lembrado

O tempo vivido era de dor, medo, perdas generalizadas, sofrimento, melancolia, angústia, desespero, luto individual e coletivo, adoecimento da emoção, do espírito e do corpo. As mortes previsíveis e evitáveis atingiam números estratosféricos e, se antes morríamos por não resistir à doença, passamos a morrer pela falta de leitos nos hospitais e, mesmo quando conseguíamos internação, faltavam oxigênio e insumos para entubar pacientes nas UTIs.

As pessoas mais pobres experimentavam a crueza da morte sem filtros, presenciavam os corpos enrolados em lençóis e cobertores porque faltavam sacos mortuários para abrigá-los; vivenciavam a ausência de espaço em necrotérios; recebiam uma fotografia do corpo dos parentes para o reconhecimento final e a liberação para o périplo do sepultamento em cemitérios sem capacidade para receber mais corpos. Não existiam tempo e espaço para despedidas e honrarias.

Entre os 4.249 mortos por covid-19 no dia 8/4/2021, constava o grande artista da dança Ismael Ivo, um mito do qual ouvi falar ainda na adolescência. Depois, escutei muitas histórias contadas por paulistanos negros, vi fotos, vídeos, li sobre ele, até que voltou para o Brasil após desenvolver excepcional carreira em outros países.

Tive a graça de trocar duas palavras com Ismael Ivo num fim de tarde em que retornava da Biblioteca Mário de Andrade pela Avenida São Luís. Ele vinha da Ipiranga. Quando o identifiquei, sorri. Ele, do alto de sua elegância austera, sorriu também. Parei na frente dele e o cumprimentei, chamando-o de senhor Ismael Ivo. Acho que tive necessidade de contato físico com aquele homem tão admirado, estendi a mão e ele a aceitou, e me olhava curioso, tentando me reconhecer, talvez.

Ele não me conhecia, por suposto, mas, sim, eu me comportava como alguém próximo a ele. Encantada, agradeci por tudo o que ele havia feito por nós. Ismael Ivo respondeu de um jeito terno, ainda sorrindo, "e faço"! Sim, o senhor faz, eu sei. Agradeci outra vez, e nos despedimos.

Embora devastada e em luto coletivo por mais essa perda irreparável, sou uma pessoa feliz porque um dia Ismael Ivo retribuiu meu sorriso, apertou minha mão e pude olhar nos seus olhos e agradecer.

A história da foto

O sábado amanhecia, e a primeira coisa vista no celular foi a fotografia, gentilmente enviada por Lívea Alves Ribeiro, a produtora de Nelson Sargento. Lá me vejo em algum momento entre 2010 e 2011, num bar carioca de comida boa, tirando o invólucro de um CD, para que seu Nelson autografasse.

Conto-lhes também, cara leitora, caro leitor, que enquanto Seu Nelson aguardava, talvez se indagando como uma pessoa podia ser tão desajeitada para tirar a embalagem plástica de uma capa de CD, descansavam sobre a mesa dois livros de minha lavra que ofereci a ele: *Colonos e quilombolas* (uma produção coletiva) e o queridinho, *Os nove pentes d'África*.

Naquele dia, estava acompanhada de Aninha, minha sobrinha mais velha, Ana Pi, a artista da dança que vocês conhecem. Aninha tinha passado uns dias em casa enquanto arrumava o próprio canto para um trabalho de três meses que faria no Rio de Janeiro. Era um tempo em que as aglomerações eram saudáveis e permitidas e nos reencontramos para papear e ouvir samba.

Anos depois, Lívea apareceu numa oficina literária que eu ministrava na Casa das Pretas, também no Rio. Comprou todos os livros que eu tinha ali, depois adquiriu outros tantos pela loja virtual e conversávamos vez ou outra. Num desses papos, Lívea mencionou a vontade de me convidar para participar de um show de seu Nelson em São Paulo. Fiquei feliz, agradeci e disse que a gente conversaria quando fosse a hora. Um dia, Lívea me telefona e formaliza o convite: tinha show de seu Nelson numa casa de samba em Sampa e ela queria ver como eu poderia participar. Lisonjeada, agradeci muito, mas não aceitei. Expliquei a ela que eu mesma, na condição de fã de Nelson Sargento, ficaria furiosa com a produtora se me roubasse uns minutos, mesmo mínimos, da performance de seu Nelson, para ouvir uma escritora lendo suas histórias inventadas. Eu ia aos shows de Nelson Sargento para ouvir seus sambas e suas histórias vividas.

Viva Nelson Sargento! O caçula de Dona Ivone Lara.

Uma palavra para a Caçadora

Iyá Stella de Oxóssi se foi. Agradecemos à Caçadora que alimentou tanta gente.

A lembrança mais forte e próxima que tenho de iyá Stella foi a cerimônia de seu aniversário de 80 anos, à qual compareci a convite de uma amiga, filha do Afonjá. Fui receosa, achando que seria festa de grandes nomes e ostentação e me surpreendi diante da simplicidade da reunião caseira. Estava ali sua comunidade de *àsé*, em celebração reverente e alegre de mais uma primavera da matriarca.

Que alegria poder morrer depois de uma longa e intensa vida vivida, depois de anciã, e ao lado da mulher amada, como iyá Stella escolheu. Nós, gente negra, que não temos podido envelhecer.

Que alegria não aceitar o lugar de quem envelhece e tem seu livre arbítrio sufocado, roubado. A venerável senhora morreu amparada pela companheira, Graziela Domini, a mulher a quem amava e com a qual compartilhava a vida.

Que seu retorno ao barro primordial seja ladeado de flores e canto de passarinhos. Seguiremos por aqui comprometidas em honrar sua liberdade de existência e um de seus principais ensinamentos: "O que não se escreve o vento leva."

Sobre um menino dançante e sorridente

E assim, sem mas nem meio mas, Icu interrompe a curva da vida e nos leva. Morremos também quando morre alguém que amamos. Morremos ainda mais quando parte uma criança ou um jovem. A lógica da vida se perde.

Certa vez, uma senhora, sexagenária, comentou sobre o filho de 23 anos que havia perdido. Eu mencionei uma criança de 10 do meu inventário de perdas, e ela me disse: "Não posso imaginar a dor desses pais", e contou algumas das coisas que tinha podido viver com o filho. Fiquei calada, observando a humanidade desbordante daquela mulher.

Há pessoas, entretanto, que, diante do choque causado pela morte de uma criança, lembram-se da tia de 86 anos, falecida há pouco de morte natural, e pensam que é a mesma coisa, a mesma dor. Não é, não. E torço para que morram sem sabê-lo. Que não tenham que perder uma criança, adolescente ou jovem amado, para entender o quanto isso é diferente de perder alguém depois de uma vida adulta vivida.

Há outras pessoas, tão brutalizadas pela vida, que, diante da dor de alguém abalado pela implacabilidade de Icu, conseguem perguntar secamente quem era, de onde era, o que fazia a pessoa morta.

O certo é que Icu nos põe assim pelo avesso, frente a frente com sentimentos viscerais: a raiva, a revolta, a incompreensão, o vazio, a noção de justiça ou a falta dela, a perplexidade. Poucas vezes conseguimos aceitar sua ação em paz, em silêncio.

Eu, agora, preciso ouvir Gil, meu poeta, aquele que diz o que sinto quando a voz me falta: "Não tenho medo da morte/mas medo de morrer, sim/a morte é depois de mim/ mas quem vai morrer sou eu/o derradeiro ato meu/e eu terei de estar presente/assim como um presidente/dando posse ao sucessor/ terei que morrer vivendo/sabendo que já me vou (...) quem sabe eu sinta saudade/como em qualquer despedida".

E, se morrer é mesmo aqui, nos resta saudar a vida, não morrer em vida, que gente nasceu para brilhar, assim como brilhou nosso Jarbas, o Ébano Majestoso, que foi estrelar o Orum, nos deixando aqui com a responsabilidade de honrar a vida que ele viveu, ao vivermos também, em plenitude, a nossa.

Delegado!

Eu também me sentia pisando um chão e esmeraldas, quando levava meu coração à Mangueira. E era seu Delegado, o dançarino, quem me recebia à porta, acompanhando a porta-bandeira que me oferecia o estandarte para o beijo leal de saudação.

E seu Delegado evoluía, lépido, no passo manso dos 90 anos. Era a joia da coroa bantu carioca, pavoneando o cata--vento verde e rosa. Abram alas! Seu Delegado e a Mangueira vão passar desfilando elegância e tradição. E lá vêm Ana Pi, Debora Marçal e Cláudio Adão, bambas-mirins da escola de dança, alegria da renovação.

E todos os meninos da Mangueira fazem a corte de recepção ao mestre, com pandeiro, cuíca, berimbau, feijoada e samba do bom: Xangô, Cartola, Carlos Cachaça, Sinhô, Padeirinho, Preto Rico, Nelson Cavaquinho, Jamelão, Tom Jobim e as meninas, Dona Neuma e Dona Zica.

A Portela celeste vem também lhe render graças: Manaceia, Zé Ketti, Tia Doca, Candeia, Clara Nunes, João Nogueira, que dá uma piscadela de boas-vindas para Sabotage, escondido numa esquina de rima quebrada.

E vem toda a gente que fez bailar nossa alma: Caymmi, Pastinha, Garrincha, Didi, Leônidas, Villa-Lobos, Pixinguinha, Elizeth e Chiquinha Gonzaga (escoltadas por Cássia Eller de um lado e Elis do outro), Cazuza e Roberto Ribeiro.

Marçal, Mano Décio da Vila, Aniceto, Monsueto, Paulo Moura e Luiz Carlos da Vila. Noel, Aracy de Almeida, Ataulfo, Gonzagão e Itamar Assumpção não poderiam faltar.

Moreira da Silva, Bezerra, Jovelina e Gonzaguinha chegam juntos e, malandros, versam um partido sobre a soneca da tarde tirada no cantinho onde a coruja dorme. Vai ter samba do bom.

Tim Maia chega atrasado, festeiro. Ele que fora incumbido de cantar para seu Delegado o canto das rosas que falam no azul da cor do mar.

O universo de Itamar Assumpção

Quando o mundo quiser de você a mediocridade, convém ouvir Itamar Assumpção. O preto velho e sábio aparece como lenitivo para esse tipo de agressão. Seu processo composicional meticuloso prova que vale a pena insistir na construção de uma obra e definir estratégias de carreira. Mesmo que ele não o tenha feito para a própria carreira, revela-se inspirador.

Quando o mundo lhe oferecer as migalhas próprias da norma, da convenção, é hora de ler, com atenção, o bom Itamar. É da arte da sobrevivência o exercício de compreender que, se o mar não está para peixe, não dá para pescar, mas aceitar farelo nunca!

Quando qualquer aparição patética, qualquer imagem da patetice vier a valer mais do que uma ideia, um bom argumento, um texto preciso ou criativo, vale recorrer a Itamar Assumpção, para sobreviver à correnteza do mal.

Quando propuserem brincar de casinha, enquanto você quer construir casa com fundação e alicerce para crescer rumo aos céus, convém desenhar a planta sob supervisão de Itamar, um gigante na arquitetura da palavra.

E, se ainda assim o mundo insistir que o medíocre é que é bom e aceitável, aplique-lhe Itamar na veia, mesmo à força.

O Babá no mercado

Ele caminhava pelo mercado como se o chão fosse de flores, paramentado, de turbante na cabeça, roupa de brocados e rendas, pano da costa, anéis e bengala, que eu nunca soube se era para ajudá-lo a caminhar ou signo de autoridade de quem bate no chão chamando os ancestrais por onde passa.

O Babá se dirigiu a uma barraca de peixes. Eu o avistei da loja de queijos. Finalizei minha compra e fui até ele.

– Bandagira Babá, muito bom dia! Mukuiu!

– Mukuiu Nzambi, minha filha! Que Oxum lhe dê saúde!

– Àsé ó, Babá! Vim aqui lhe cumprimentar e tomar sua bênção.

– Eu lhe vi ali na barraca de queijos. O dia está ensolarado, bom para vir ao mercado.

– Sim, senhor.

– E como você está minha filha? Como estão os trabalhos? Vi que lançou livro novo.

– Sim, senhor, Babá, lancei. Está tudo bem, obrigada. Em movimento. E o senhor, como está?

– Eu estou como orixá manda, não é minha filha? Com Iaô recolhido. Casa de candomblé, você sabe como é, aquela luta de sempre.

– Imagino, Babá. Imagino.

– Você precisa aparecer lá em casa. Vai ter barco de Xangô no mês que vem. Vou recolher logo quatro, e vão sair no dia dele, com uma fogueira grande no terreiro. Eles voltam para a camarinha, que é o lugar deles, mas a gente vai festejar no tempo.

– Vou sim, Babá. Obrigada pelo convite, deixa anotar logo o dia na agenda. Opa, nem precisa, 24 de junho.

– Venha mesmo. Esse povo diz que vem e não aparece.

– Sim, senhor. Será uma alegria estar com vocês. Só não vou se tiver alguma viagem da qual não me lembro agora. O senhor sabe, gente autônoma trabalha mais do que gostaria.

– Sim, minha filha. Eu sei como é. Mas faça um esforço, se puder, vá. Será bom para você.

– Sim, senhor. Sempre é, se puder, irei.

– Meu filho, escolha bem esse peixe, viu? Não quero saber de olho morto, nem de carne mole. Quero carne tenra. Olhe sua vida, viu? É comida para orixá.

E ria o Babá, aquele riso bom e estrondoso. O funcionário da loja sorria também e mantinha o mesmo peixe escolhido, sinal de que, para o Babá, ele já havia mesmo selecionado o que havia de melhor.

Eu pedi licença, agradeci pela prosa e tomei meu rumo. Aquela foi a última vez que encontrei o Babá Francisco de Oxum antes da pandemia, o homem que me lembrava as imagens bonitas de Joãozinho da Gomeia, só que pelas ruas de São Paulo. Em reuniões políticas, também o encontrava, zeloso pela Casa, sabia da necessidade de brigar nas esferas do poder dominadas pelos homens brancos, para garantir respeito aos direitos das religiões de matrizes africanas.

Passados mais de dois anos sem vê-lo, sem encontrá-lo no mercado, em sua casa no Quilombo da Saracura ou em outros lugares públicos, soube de sua morte. Quando vi uma filmagem da cerimônia fúnebre com outro Babá que conheço da Bahia, seu provável irmão de santo ou filho, puxando os cânticos sagrados, seguido por um pequeno grupo de pessoas a acompanhar o funeral, fiquei pensando em quanta gente ele deve ter cuidado ao longo da vida e quantos puderam estar ali, ainda num momento pandêmico. E tive vontade de compartilhar o vídeo e o fiz para engrossar o coro do não esquecimento.

Em mim, Babá, além de sua elegância oxúnica, ficaram outras duas coisas impressas na memória. A primeira, sua recusa aos olhos mortos no peixe, um dos marcadores do frescor do alimento. Desde a ocasião, penso sobre a capacidade de enxergar dos peixes que focam em um ponto e o ampliam de maneira circular. O senhor tinha olhos de peixe vivo, não é Babá? Por isso olhava para os filhos e revelava suas almas por ângulos que nem o drone mais potente alcançaria.

A última lembrança foi sua bênção, quando nos despedimos no mercado. O senhor desejou que Xangô me desse fartura e viço. Àsé ó, Babá. O Grande Rei tem me alimentado. Aweto!

Por te amar

Por te amar, eu pintei um azul de o céu se admirar. Até o mar, adocei e, das pedras, leite eu fiz brotar. De um vulgar, fiz um rei, e, do nada, um império para te dar.

Enfim, um horizonte melhor me sorriu. Minha dor virou gota no mar. Saí daquela maré, Luiz, não vivo mais à sombra dos ais.

Não foi fácil, meu velho. Vieram para mim de barba de bode, e eu de comigo-ninguém-pode fiz o mar desaguar no chafariz.

Fui ao Cacique de Ramos, planta onde em todos os ramos cantam os passarinhos nas manhãs. Quando a moçada puxou suas músicas, meu coração desaguou, de alegria e saudade. Olhei para o alto das tamarineiras, as guardiãs da poesia, e elas vestiam um laço branco, como Kitembo. E só ele, para acomodar dores e saudade. Continuamos cantando, buscando o tom, um acorde com lindo som, para tornar bom, outra vez, o nosso cantar.

Então os meninos entoaram seu samba para Dona Ivone: "Lara, o seu laraiá é lindo. São canções de quem tantos corações retém com seu canto. Baila e baila o ar ao te ouvir." Tão singela e precisa definição.

Na volta, passei por Manguinhos, mirei a lua de Luanda que veio para iluminar a rua. Visitei a fachada da escola pública, batizada com o seu nome: Luiz Carlos da Vila! Que alegria! Eu já sabia, passei para te ver.

É, Luiz, a chama não se apagou, nem se apagará, enquanto as ondas do mar brincarem com a areia. São luzes de eterno fulgor Candeia e Luiz Carlos da Vila. O tempo que o samba viver, o sonho não vai acabar e ninguém se esquecerá de vocês, os timoneiros. O não chorar e o não sofrer se alastrarão, do jeito que você sonhou no seu dia de graça. Valeu, poeta, seu grito forte dos Palmares.

Luiza Bairros, obrigada

Tenho aprendido que a morte, embora produza um destino comum, nunca é a mesma. Tem sentidos diferentes, de acordo com quem morre e da forma como morre.

No meu inventário afetivo de mortes, predominam jovens e crianças (o que deixa uma pessoa calejada) e mortes por doença, coisa que dói muito também. Não tive ainda a graça de acompanhar mortes por velhice, por esgotamento do contrato com a vida pela natural decorrência do tempo. Falo do tempo que se conta pelo relógio, não o tempo do espírito e seus acertos misteriosos com o infinito.

Luiza Bairros partiu para uma jornada maior, dia 12 de julho de 2016, levada por um câncer de pulmão. A singularidade dessa morte é que, mesmo alertada por amigas sobre a gravidade da situação, eu não contava que fosse acontecer e precisei ver o corpo inerte para crer. Para acreditar. Para me confortar imaginando que Bairros tivesse dito ao tempo: "Deu, tempo! Já deu!"

Precisei estar lá porque Luiza Bairros, junto a Sueli Carneiro e Hélio Santos, são minhas referências de formação há 30 anos. Os pilares que me fizeram negra, plena de direitos e responsabilidades. Desde os 20 anos, essas três pessoas me fazem ser quem sou com amor, zelo, incentivo e puxões de orelha (menos do Hélio, que é mais permissivo).

Luiza Bairros foi, a um só tempo, talhada na pedra e artífice do entalhe na pedra. Esculpiu a si mesma, cuidadosamente, ao longo da vida. Preparou-se para as grandes coisas, as grandes batalhas. Inaugurou processos, abriu caminhos e os consolidou. Não era perfeita, pois era humana. Era determinada, persistente, bem preparada. Tinha foco, metas, objetivos, estratégias, plano de ação, e sabia aonde queria chegar, aonde era necessário chegar.

Luiza Bairros não era messiânica, nem redentora, nem falastrona – graças a Zambi! Foi uma lutadora, uma gestora extremamente capaz (e audaz). Uma mulher forte e sensível que caminhou ombro a ombro com os seus.

O nome Luiza Bairros reverbera em nós como sinônimo de esmero, dedicação, seriedade, compromisso, consequência, solidariedade e amor pelo povo negro do Brasil, da Diáspora e de África. Em nome desse amor, ela entregou a vida a uma causa: a luta diuturna contra o racismo e pela promoção da humanidade das pessoas negras.

Houve sempre um traço de afeto em sua permanência na Terra. São muitas as lembranças de seu jeito amoroso de cuidar das pessoas negras, conhecidas ou não.

Lembro-me de certa feita ao encontrá-la num debate no Rio, conversávamos, quando chegou uma garota universitária que parecia procurar por alguém. Luiza se aproximou dela e perguntou: "Você é fulana de tal?" A moça respondeu afirmativamente. Luiza então se apresentou e disse que havia levado o livro para ela e tirou da bolsa um volume xerografado e encadernado. Conversaram um pouco, a estudante agradeceu, guardou o livro e foi embora.

Noutra oportunidade, estávamos nos EUA. Eu fazia mestrado, e Luiza o doutoramento no mesmo programa. Morávamos em cidades diferentes, e eu a havia hospedado numa curta semana de férias. Havia estocado de Minas três caixinhas de goiabada cascão para me abastecer por um ano inteiro. Luiza, quando viu o doce na geladeira, disse que queria uma caixa. Relutei em dar, argumentando que não era de meu conhecimento que gaúchas gostassem de goiabada. Ela disse que também não tinha essa informação, mas queria o doce. O certo é que ambas sabíamos das fomes que sentíamos quando distantes da terrinha.

Como ficamos mais próximas, eu enchia a paciência de Luiza (por telefone) com minhas lamentações, inadaptações, culpas por minha mãe que sofria com um câncer de mama, iniciava a metástase nos pulmões e passava pela quarta pneumonia. Um dia, já impaciente, Luiza me disse: "Guria, para mim é muito difícil ficar aqui também (ou seja, pare de falar das suas dores que isso ativa as minhas), mas parece que para você é mais. Se é tão ruim assim, por que você não vai embora?" Era o que faltava para me libertar, a "autorização" de Luiza. Em menos de 30 dias estava de volta ao Brasil, para não mais retomar o mestrado nos EUA.

Em 2008, quando os Institutos Nzinga e Pedra de Raio generosamente organizaram o lançamento do meu segundo livro, *Você me deixe, viu? Eu vou bater meu tambor!*, na Fundação Pedro Calmon, recebi dois presentes inesquecíveis.

O professor Bira, então presidente da Fundação, fez a gentileza de me receber e leu um conto de sua lavra, dedicando-o a mim. Luiza, por sua vez, foi convidada a comentar o livro e, como era de seu feitio, fez variadas perguntas à autora. Respondi a todas, creio. Num dado momento em que olhei para ela enquanto dizia não sei o que, vi que ela estava chorando e embarguei a voz (não sabia que Luiza chorava).

Finda a mesa, dezenas de autógrafos, Luiza recomposta e lágrima alguma havia acontecido. Intrigada, contei o ocorrido a um velho Taata que lá estava e quis saber a opinião dele, que me disse como coisa óbvia: "Oxe, não sabe como é essa gente de Xangô? É de alegria! Ela está feliz! Você cresceu!" Era assim Luiza! Ela se emocionava, genuinamente, com o crescimento da gente. Foi assim com as dezenas de mulheres negras que ela orientou e inspirou ao longo de quatro décadas.

Mais à frente, quando escrevi o *Racismo no Brasil e afetos correlatos*, pedi a Luiza que escrevesse a orelha, mesmo sabedora de suas múltiplas ocupações como ministra. Depois de algum tempo sem resposta, escrevi de novo, dizendo que precisava liberar o livro e que, se ela não pudesse escrever, não havia problema. Ela não disse que sim, nem que não. Apenas ponderou o quanto estava ocupada. Eu compreendi, agradeci e busquei outro orelhista.

Durante a cerimônia fúnebre, em meio a muita emoção, tristeza e incredulidade, duas falas calaram fundo em mim. A primeira foi de Iêda Leal, que nos disse: "Todos os que estão aqui (e acrescento as amigas de mais de 40 anos de convivência que não conseguiram reunir forças para se despedir) tiveram a oportunidade de conhecer uma Luiza Bairros."

Sim! Luiza foi singular para cada uma de nós: Luiza-mãe; Luiza-irmã; Luiza-amiga; Luiza-mentora; Luiza-companheira de militância; Luiza-líder; Luiza-conselheira atenta; Luiza-pesquisadora; Luiza-gestora bem preparada; Luiza-ministra. Mas uma coisa Luiza Bairros foi para todas nós. Foi espelho e inspiração para fazer bem-feitas as mínimas e as grandes coisas.

A segunda coisa muito marcante, ouvida no momento da despedida de Luiza, foi dita por Vilma Reis: "Luiza Bairros e sua geração de militantes negros inventaram um país para a gente existir." É isso! Todas e todos nós, de distintos tempos, somos tributários dessa geração que inventou um país para que a gente pudesse existir!

A despedida de Luiza Bairros foi entre amigos, plena de declarações de afeto, sem discursos politiqueiros. Foi possível porque seus familiares tiveram a generosidade de fazer uma cerimônia longa, de três dias, por mais que isso fosse penoso para eles, para que várias pessoas que também a amaram muito pudessem se deslocar de vários lugares do país até Porto Alegre. E foram muitas as que não conseguiram ir, porque não conseguiriam se despedir de uma pessoa tão íntima e especial.

Houve um momento religioso em que ela foi saudada como são as autoridades que partem, as Iyás e os Babás. E que orixás, encantados, ancestrais vieram para também saudá-la e limpar o caminho de toda mágoa e dor.

Agora é o tempo do descanso, de aposentar o machado. O tempo da pedra silenciosa que se desfaz em barro. Tempo de volta à Terra. À água. Ao sal! Siga em paz, Luiza, tão querida. Nzaambi ye Kwatesa!

MaravilhElza, como diria Chico Brown

De ti, não tenho fotinha, comprovação de que te conheço, você vive em mim e me ilumina. Tenho memória, músicas, CDs, vinis e texto.

Devo dizer que, ainda criança, muito antes de ser apresentada a você como intérprete magnífica, conheci uma mulher negra mal falada por outras mulheres negras, avós e bisavós das moças negras que hoje se inspiram em você. O jogo era pesado, as críticas ao fato de você experimentar livremente a própria sexualidade e o seu jeito de amar um "homem casado" é que chegavam aos meus ouvidos.

Você era demonizada nos lares das famílias negras pobres (nas outras classes sociais também), resultado da campanha pérfida da imprensa e das instituições moralistas e covardes contra você. Nas famílias negras, entretanto, era mais denso, porque você é uma de nós; e as mais velhas, totalmente reprimidas e policiadas, se sentiam pessoalmente aviltadas por seu espírito e seu corpo libertários.

Sua música, Elza, só comecei a perceber na adolescência, o samba, as gravações pontuais que você fazia com grandes nomes da chamada MPB, até comprar meus próprios discos. E fui lendo suas histórias, suas entrevistas, acessando sua linguagem irônica, incisiva e humana. Formei opinião própria e oposta à Elza que quiseram me impor na infância, mas que não deixou de ser a Elza livre, senhora de si e parabólica do mundo contemporâneo.

Uma comoção tomou conta de nós em razão de sua partida serena por causas naturais, em casa, cercada da família, aos 91 anos, depois de uma vida plena vivida — que maravilha! – vida que não foi um mar de rosas e que, apesar de tudo, ou com tudo, você chegou ao fim cantando, como se determinou.

Em meio à catarse e aos belos tributos, me encantaram os testemunhos de sua generosidade. Também vou registrar o meu.

Encontraram-se num show no Sesc Pompeia (SP), em 2008 você, Mariene de Castro e Chico César. Mariene entrou esplendorosamente grávida de Maria ou do irmão nascido antes, não sei. Chico, que a recebeu tocando, ajoelhou-se, e ali soubemos que a temperatura emocional seria alta.

Em algum momento do show, você, com as mãos nas cadeiras, subiu um tom, olhando nos olhos de Mariene, embevecida e sorridente. Ela te acompanhou. Você subiu outro e outro, liberou sua voz-orquestra, daquele jeito que só você sabia. Mariene, embora seja de água, não negou fogo. Eu, tensa, me perguntava até onde a cantora, que eu conhecia pouco, conseguiria te acompanhar e, sem saber nada de você, eu não entendi de cara que você só desafiaria alguém que tivesse condições vocais de seguir em comboio contigo. E você subiu, subiu, subiu, brincou, inventou sons e tons e Mariene te acompanhou todas as vezes, sem fazer esforço, naturalmente, uma profissional de muitos recursos, como você.

Daí, me pareceu que você cansou de brincar e disse para si: "Já deu, minha comadre, vamos voltar ao roteiro" e então, depois que você se satisfez ao nos dar a chance de ver o quanto aquela cantora era grande, você fez para Mariene aquele gesto com os braços, de súdita reverenciando uma rainha.

Leve e livre, me despeço de ti com essa imagem, Elza, muito feliz pela forma como você tomou as rédeas de sua vida ao longo de nove décadas de existência, e por ter fechado os olhos de maneira suave dentro do ninho, cercada dos seus amores.

Obrigada, Senhora do Fim do Mundo, mas me pergunto o que seria o fim para uma mulher de Iansã, senhora da impermanência, da transmutação e do trânsito vida-morte-vida.

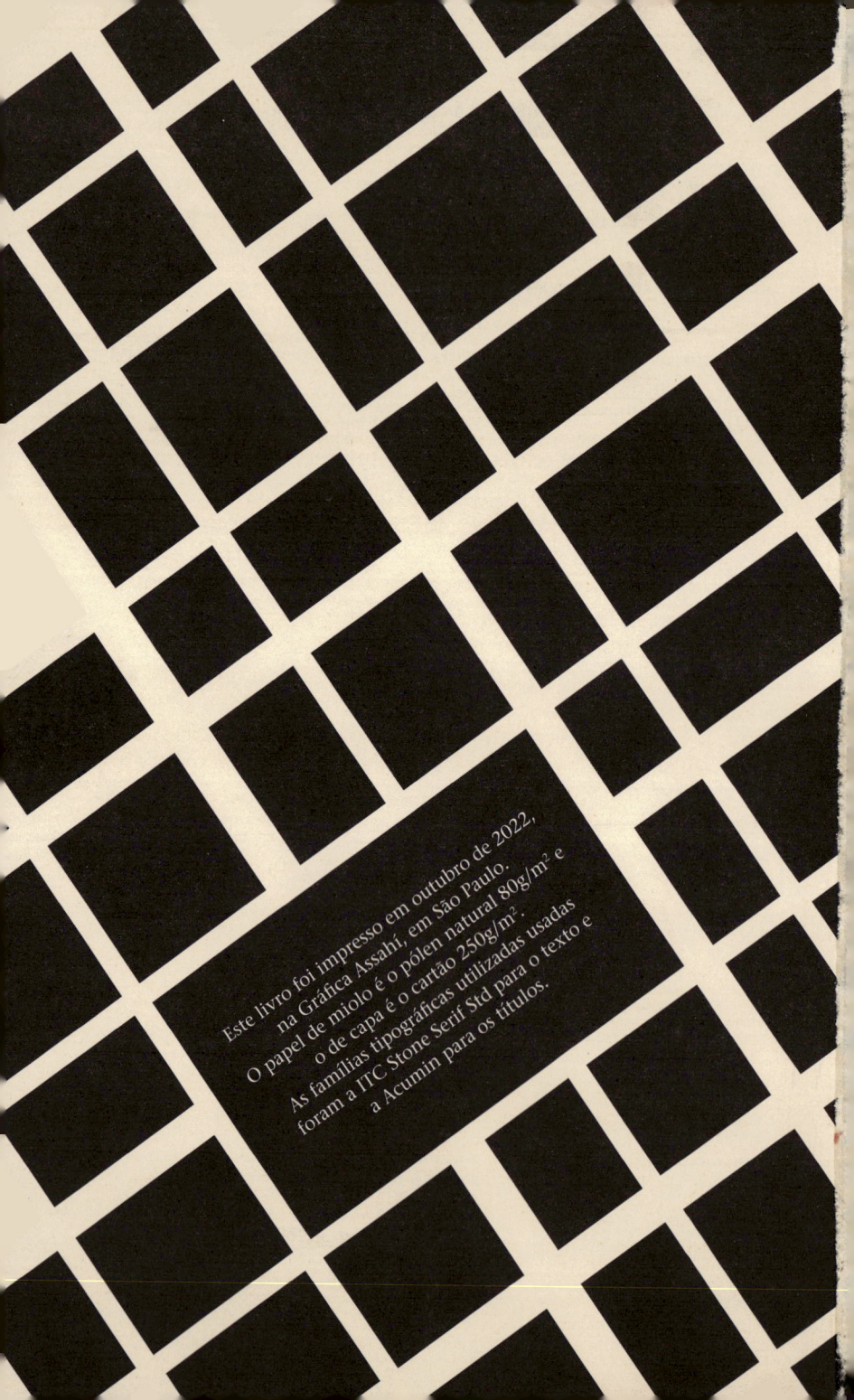

Este livro foi impresso em outubro de 2022,
na Gráfica Assahí, em São Paulo.
O papel de miolo é o pólen natural 80g/m² e
o de capa é o cartão 250g/m².
As famílias tipográficas utilizadas usadas
foram a ITC Stone Serif Std para o texto e
a Acumin para os títulos.